DECLARATION

DV ROY, EN FAVEVR

des Princes, Ducs, Pairs, Officiers
de la Couronne, Seigneurs Gen-
tils-hommes & autres qui s'es-
toient esloignez de sa Majesté.

Publiée en Parlement le 12. May, 1617.

A ORLEANS,

Par FABIAN & SATVRNIN les
Hotots, Imprimeurs ordinaires
du Roy,

M.DC.XVII.

LOVIS par la grace de Dieu, Roy de France & de Nauarre, A tous presens & à venir, Salut. La prompte obeissance qu'ont rendu à nos commandemens depuis la mort du Mareschal d'Ancre, les Princes, Ducs, Pairs, Officiers de nostre Couronne, Seigneurs, Gentilshommes, Officiers de nos Cours souueraines, & tous ceux qui les auoient assistez, contre lesquels nous auions decerné nos lettres patentes des mois de Ianuier & Feurier derniers; nous a faict assez cognoistre que le seul desir de leur conseruation, & d'empescher la ruine qui leur estoit procuree par les insolens, violens & pernicieux desseins dudict Mareschal d'Ancre, les auoit contraints à s'esloigner de nous, & chercher leur seureté dans les armes bien qu'illicites, d'autant que ledit Mareschal se seruoit, contre nostre intention, de nos forces pour les opprimer. Mais comme il a esté de nostre dignité de decerner nos lettres de Declaration à l'encôtre d'eux lors qu'ils commettoient des actions contraires à leur deuoir, au lieu d'attendre iustice de nous: Maintenant que nous sommes asseurez de leur fidelité, & qu'ils nous ont faict recognoistre que la seule necessité de leur conseruation, les auoit portez à s'associer seulement pour s'opposer aux violences dudict Mareschal: Et que nous auons esté suffi-

famment informez de leur part, de
leurs bonnes intentiōs enuers Nous
& noftre Royaume , & du defir
qu'ils ont d'employer leurs vies pour
en accroiftre la grandeur, & main-
tenir Nous & noftre auctorité : Et
qu'ils font grandement defplaifans
d'auoir leué des gens de guerre, ar-
refté & prins nos deniers : impofé
fur noftre peuple des contributions,
& faict trauailler aux fortifications
des places qu'ils tenoient, nos fubjets
à coruees : Ce qu'ils nous ont prote-
fté qu'ils n'euffent iamais entrepris,
& moins de faire entrer des eftran-
gers dans noftre Royaume , s'ils n'y
euffent efté contraints pour euiter
la ruine & defolation entiere d'eux
& de leurs familles : Il eft de noftre
clemence & Royale bonté, en les
traictant fauorablement, de leur par-
donner les fautes qu'ils peuuent

en cela auoir commifes, & de les
reftablir dans les charges, honneurs
& dignitez qu'il poffedoient auparauant: puifque d'ailleurs cela peut
feruir pour affermir en noftre Royaume la paix tant neceffaire & de-
firee des gens de bien. C'eft pour-
quoy apres auoir mis cet affaire en
deliberation en noftre Confeil où
eftoient aucuns Princes de noftre
fang, autres Princes, Ducs, Pairs,
Officiers de noftre Couronne, &
principaux de noftredict Confeil,
Sçauoir faifons que de l'aduis d'ice-
luy, & de noftre certaine fcience,
pleine puiffance & authorité Royale, Nous auõs dict & declaré, difons
& declarons par cesprefentes fignees
de noftre main, Que nous tenons les
dits Princes, Ducs Pairs Officiers de
noftre Couronne, & tous ceux qui
les ont affiftez, pour nos bons &

loyaux subjets & seruiteurs : Voulons & entendons la memoire de tout ce qui est arriué en ces derniers mouuemens pour les faicts cy desus specifiez, & autres concernans ladicte leuee d'armes, & actes d'hostilité, demeurer du tout esteinte & abolie; comme nous l'esteignons & abolissons par cesdictes presentes : à la charge que à l'aduenir ils se contiendrôt dans les bornes du respect qu'ils nous doiuent, & rendront l'obeissance qu'ils sont tenus à nos commandemens : Et que dés à present ils renonceront à toutes ligues & associations qu'ils peuuent auoir faictes entr'eux & autres nos subiects ou estrangers, tant dedans que hors le Royaume, de quelque condition qu'ils puissent estre : & generalement s'acquitteront du deuoir de bons & fidels subjects & seruiteurs,

à quoy leur naiſſance les oblige:
& moyennant ce, nous les auons
reſtablis & reſtabliſſons en tous &
chacuns leurs biens, meubles &
immeubles, honneurs, dignitez,
charges, eſtats, offices & penſions,
deſquels nous leur donnós pleine &
entiere main-leuee, leuons & oſtons
à ceſte fin toutes ſaſies ſur iceux.
Voulons & entendons qu'ils iouyſ-
ſent de nos graces, faueurs, bienfaits
honneurs & gouuernemens: & exer-
cẽt leurs charges & offices, ainſi qu'il
faiſoient auparauant, ſans qu'ores &
à l'aduenir ils y puiſſẽt eſtre troublez
ny empeſchez en quelque ſorte &
maniere que ce ſoit. Impoſant ſur ce
ſilence à nos Procureurs Generaux,
leurs Subſtituts preſens & à venir, &
tous autres, nonobſtant toutes De-
clarations, interdictions, & autres lettres patentes qui ont eſté cy-deuant

par nous

par nous decernees & publiees en nos
Parlemens au contraire. Lesquelles
nous auons reuoquées & reuoquons,
declarees & declarons nulles & de
nul effect & valeur, & tout ce qui
s'est faict en execution d'icelles : les-
quellespour cét effect de nostre grace
speciale, nous voulons estre ostees &
tirees des Registres de nos Cours de
Parlemens. Tenons en outre quittes
& deschargez ceux qu'ils ont com-
mis aux maniemens de nos deniers &
autres qu'ils pourroient auoir impo-
sez & actuellement touchez, pourueu
que dans six semaines apres la publi-
cation des presentes ils rapportent en
nostre Chambres des Comptes dou-
ble de leurs estats, arrestez & signez
par l'vn desdits Princes & Ducs : & pareillement des bois qu'ils peuuent a-
uoir coupez & enleuez de nos forests.
Voulons aussi que nos Edicts & De-

clarations cy-deuant faic̈ts pour la
Pacification des troubles de noſtre
Royaume, meſmes celuy de Bloys
en ſuitte & conſequence du Traic̈té
de Lodun, ſoient inuiolablement e-
xecutez, gardez & obſeruez de poinc̈t
en poinc̈t ſelon leur forme & teneur,
& que ſoubz l'auc̈torité & benefices
d'iceux, tous nos ſubiets tant Catholi-
ques que de la Religion pretenduë
reformee, viuent deſormais en bonne
paix, vnion & intelligence ſoubs noſtre obeiſſance, ſans qu'ils ſe facent
les vns aux autres aucuns reproches
pour raiſon des choſes paſſees. Si
DONNONS EN MANDEMENT
à nos amez & feaux Conſeillers les
gens tenans nos Cours de Parlemens,
Chambres de nos Comptes, Baillifs,
Seneſchaux, Iuges ou leurs Lieutenans, & a tous nos autres Iuſticiers &
Officiers qu'il appartiendra chacun

endroict soy, que ces presentes ils ve-
rifient & facent lire, publier, garder &
obseruer selon leur forme & teneur.
Et afin que ce soit chose ferme & sta-
ble a tousiours, Nous auons fait met-
tre nostre seel à cesdictes presentes.
CAR tel est nostre plaisir. Donné au
Bois de Vincennes au mois de May,
l'An de grace, mil six cens dixsept. Et
de nostre Regne le septiesme.

Signé,　　　　　LOVYS.

Et sur le reply, par le Roy,

DE LOMENIE.

Et à costé est escrit,　　VISA.

Et seellé du grand seel de cire verte
sur lacs de soye rouge & verte.

*Leuës, publiées & Regiſtrées, ouy & ce
requerant le Procureur General du Roy,
ordonne que coppies collationnées ſeront en-
uoyees aux Bailliages & Senechauſſées,
pour y eſtre leuës, publiees & regiſtrees à la
diligence des Subſtituds dudict Procureur
General, qui la certifiront auoir ce faict au
mois, à peine d'en reſpondre en leur nom. A
Paris en Parlement, le douzieſme May,
Mil ſix cens dix-ſept.*

Signé, **DV TILLET,**

LA Declaration cy deſſus, à eſté
ce iourd'huy Mardy vingt troiſieſme
iour de May, Mil ſix cens dix-ſept, le
Siege ordinaire du Bailliage d'Orleans
tenãt, par Nous François Beauharnois
Conſeiller du Roy noſtre Sire, Sieur
de la Grilliere, Lieutenant General au
Bailliage gouuernement & Siege Pre-

sidial d'Orleás, assisté des Lieutenans Particulier, Ciuil & Criminel, au Bailliage & Siege Presidial d'Orleans, leu & publié par le Greffier desdits Sieges, Ce requerant le Procureur du Roy audict Bailliage & Siege Presidial en personne, a ce que nul n'enpretende cause dignorance, De laquelle lecture à esté octroyé lettre audit Procureur du Roy, & ordonné qu'elle sera enregistree au Greffe dudit Bailliage, publiée à som de Trompe & cry public par les Carrefours & lieux accoustumez de ceste Ville d'Orleans, & coppie d'icelle enuoyées és Chastellenies Royalles & non Royalles dudit Bailliage & Siege Presidial pour y estre pareillement leues & publiées & enregistrées. Donné à Orleans, par nous Lieutenant general susdit, assisté comme dessus, les iours & an susdicts.

Signé *IOLLYVET.*